사랑,
숨은 그림 찾기

서정문학대표시선 · 50

사랑, 숨은 그림 찾기

초판 1쇄 발행 | 2019년 8월 7일

저　자 | 김후자

편　집 | 디자인그룹 여우비
펴 낸 곳 | 도서출판 서정문학
펴 낸 이 | 차영미
주　소 | 서울시 강동구 성안로31다길 8(천호동), 101호
전　화 | 02-720-3266　F A X | 02-6442-7202
홈페이지 | http://cafe.daum.net/seojungmunhak.com
이 메 일 | sjmh11@hanmail.net
등　록 | 2008. 3. 10 제324-2014-000060호

ISBN 978-89-94807-79-9 03810
정가 10,000원

ⓒ 김후자, 2019

* 이 책의 판권은 지은이와 서정문학에 있습니다.
* 잘못된 책은 구입처에서 교환해 드립니다.

이 도서의 국립중앙도서관 출판예정도서목록(CIP)은 서지정보유통지원시스템 홈페이지(http://seoji.nl.go.kr)와 국가자료종합목록 구축시스템(http://kolis-net.nl.go.kr)에서 이용하실 수 있습니다. (CIP제어번호 : CIP2019028055)

서정문학대표시선 · 50

사랑,
숨은 그림 찾기

김후자 시집

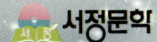

시인의 말

찬란했던 하루가 지나갑니다.
맞이하고 보냈던 긴 계절 뒤에
지금에사 속마음 풀어 담은 넉넉지 못한
글 봉지를 풀어놓습니다.
후련한 마음으로 논둑길을 따라
개구리 울음 소리를 들으러 갑니다.
이곳에도 짙은 여름이 오고 있습니다.

2019년 칠월 운암뜰에서 김후자

| 목차 |

- 005 시인의 말
- 010 서문 | 성찰하는 순수근원의 시학 _ 윤민희
- 020 축하의 말 | 열매를 맺으며 _ 강한석

1부

- 026 정이 흐른 자리
- 027 만추
- 028 여행지에서
- 029 가을 무창포
- 030 푸른 뱀
- 031 늪에 빠진 방황
- 032 길
- 033 엽서 보내다
- 034 팔봉산
- 035 봄 편지
- 036 꽃 이야기
- 037 끝
- 038 구절초
- 039 능소화
- 040 그리움
- 041 죽 부인
- 042 속마음
- 043 늦가을의 상념想念
- 044 12월의 시몽에게
- 045 마음의 섬 하나
- 046 봄날
- 047 봄날 2
- 048 사랑, 숨은그림찾기

2부
- 050 송화松花
- 051 춘몽
- 052 어머니의 방
- 053 회상
- 054 자화상
- 056 대천 가는 길
- 057 장날
- 058 착각
- 059 예당호湖의 바람
- 060 밟힌 꽃잎이 숲 위에 눕다
- 062 너를 보내며
- 064 둘째 딸의 둘째 딸
- 065 먼 기억
- 066 허풍
- 067 계절 바뀌기
- 068 여름 맞이
- 069 시월이 가면
- 070 지는 동백
- 071 낮잠
- 072 가을비
- 073 서러움의 온도
- 074 B병동

3부

- 076 착각
- 077 세월
- 078 그해 여름
- 080 나는 고향의 눈을 보러 청량리역으로 간다
- 081 잡념
- 082 운암 뜰 풍경
- 083 자작나무
- 084 밤바다
- 085 사월의 세월호
- 086 돌담 골목길
- 087 돌담 골목길 2
- 088 앞서가는 세월
- 089 아직 멀었어
- 090 비상
- 091 옥가실 저수지
- 092 초파리 두 마리와 눈을 맞추다
- 093 버려지지 않기
- 094 벽壁
- 094 부제: 산사에서
- 095 입춘 즈음
- 096 초록 그늘
- 097 어떤 남자
- 098 마등산 까마귀

4부

- 100   도시의 이방인
- 101   그릇의 미학
- 102   약속
- 103   별세
- 104   섬진강 벚굴
- 105   가을 앞에서
- 106   내 고향 옛집
- 107   산길에서
- 108   기억, 그림자를 쫓아서
- 109   동짓날 기억
- 110   일기
- 111   편안한 세상
- 112   알밤 두 톨의 상념
- 113   목단 꽃
- 114   춘설
- 115   어느 하루
- 116   넋두리
- 118   그림자
- 119   운암 뜰
- 120   늦 밤꽃

| 김후자 시인 첫시집 『사랑, 숨은 그림 찾기』 서문 |

성찰하는 순수근원의 시학

윤민희 시인

　산의 정기를 받으며 인생의 탑을 시로 쌓고 있는 한 시인이 있다.
　산길에서 사색하고, 산길에서 시심을 닦으며 산 정상을 향하여 면벽하듯 오랜 세월을 침묵으로 마주하더니 정직하고 올곧은 성품이 대자연을 닮았다.
　옆에서 바라본 김후자 시인의 삶은 동사형이다. 정지하거나 안주하는 삶이 아니라 끊임없이 사유하고 창조하여 새로운 지표를 만들어 갈고 닦는 구도자적 인생관을 지녔다.
　편견 없는 하심으로 모든 사물과 내통하면서 한 가닥씩 엮은 시심이 섬세하게 편조되어 밀도 있게 너울댄다. 현학적으로 화려하게 치장하지 않아서 마음을 끌고, 담백하고 유연한 시적 사유가 신선하고 아름다워서 좋다.
　사계절을 휘도는 시적 변주가 고스란히 시인이 걸

어온 길을 되새긴다. 시나브로 시를 닮아가는 시인의 심성은 곁으로 보기엔 강해 보이지만 행여라도 타인에게 상처가 될까 봐 말 한마디, 행동 하나에도 노심초사 살피는 것이 속마음은 여리고 부드러운 것이다. 늘 허물만 끌고 돌아온다고 겸손하게 말하는 시인을 큰 산이 병풍처럼 감싸고 있다.

시인이 주목하는 시적 얼개는 자연과 사랑이다.
산을 좋아하고 산을 지키려는 마음이 산악회 회장으로 이어졌으니 시인의 산사랑은 평생 푸르게 출렁일 것이다. 나이가 들어갈수록 세상 모든 것이 소중하고 아름답다고 말하는 시인은 그 작고 여린 것들을 만나기 위해 길을 나서기를 주저하지 않는다.

    곧게 내려진 길이다
    항상 가던 그 길을
    오늘도
    종종 걸음으로
    그곳으로 간다

    평생 걸어도 평행이론이다
    인연은 칼로 물 베는 헛세월
    축축하게 젖은 마음
    서리서리 풀어

깻단 동여매듯 한데 묶어
볕 좋은 뒷담에 세워 둘 꺼나
\ 「길」 전문

층층이 쌓아올린 돌담 너머에
백일홍 꽃잎 빼꼼히 내어 밀고
나지막한 똘배나무
가쟁이가 휘어지게 달려있다

기역자
니은자로 꺾여 지는 길모퉁이
늙은 황소 한 마리 외양간에 묶여 있고
넓다란 마당 귀퉁이에
콩밭 열무 다듬으며 까르르 까르르

남도의 뜨거운 햇살은
웃음 속에 부서지고
오늘 저녁 옻칠한 둥근상에
햇고추 열무김치
남도 손맛 뽐낼 테지
\ 「돌담 골목길」 전문

  평화로운 풍경이 추억을 낚고 있다. 늙은 황소는 한가하게 평화롭고 콩밭 열무를 다듬는 아낙들의 웃음소리는 환하게 두드리니 시청각을 관통하여 청량하게 전염시키는 행복 바이러스의 시적 풍미는 시인의 필력이 돋보이는 수작으로 읽힌다.

    산모퉁이 돌고 돌아
    지루 봉 오르는 길
    능선 따라 벌목하는 전기톱 소리에
    집터 잃은 산 까마귀
    까아악 까악

    열두 바퀴 날아올라
    내려앉은 가뫼골에
    아파트 공사장 대낮처럼
    불 밝히고
    살포시 나래 접어
    사랑 나눌 곳 어디일까

    까악 까아악
    그것은 절규다
    그것은 통곡이다
    차라리 이니스프리 섬으로 가라
    이 봄날에
    사랑의 몸 섞을
    그 섬으로 떠나가거라

「마등산 까마귀」 전문

동백꽃이 떠내려간다
동백꽃이 땅 바닥에 누워서 가고 있다
가는 삼월에 실려

꽃이 졌거늘
꽃잎은 지지 않고
무거운 붉은 송이
함께 묶여서 졸며
그
땅 빛 고운 물 들인다

하나 둘, 셋

꽃송이 깨끗이 내려놓은 겸손이
떠난 임 더 서러워
오늘도 붉은 울음 울고 있다
「지는 동백」 전문

 시인은 소외된 음지의 통증을 외면할 수 없는 천부적인 사랑으로 사물을 보고 있다. 터전을 잃고 방황하는 까마귀의 울음소리를 시인은 아프게 귀를 기울이고, 가장 낮은 자리로 떨어져 흘러가는 동백을 안

타깝게 기억한다. 어둠에서 촛불을 켜듯 손길을 내미는 시인의 따스한 성품이 엿보이는 시이다.

아!
그래도
그해 여름에는 아무도 사랑에 미치지 않았고
아무런 일도 일어나지 않았다
다만
공허의 허기를 채우려 다시 찾았던
떡집은 문을 닫았다

그해 여름은 그렇게 지나갔다
수 십 년 전의 그 여름 속으로
「그해 여름」 일부

밤바다가 보고 싶어
바다로 간다

팔월의 해는 짧아
용광로 같았던 뜨거운 태양이
넓은 해면에 반사되어
붉은 양탄자처럼 펄럭거린다

사방은 어둠으로

철석거리는 파도끼리의 부딪힘이
물 먹은 솜이불처럼
늘어지며 감기우고
잔잔한 포말은 녹아서 내린다

그것은
낮으로만 보았던
하얀 아름다움도
물거품의 신비도 아닌
다만
캄캄한 밤바다의 덩어리였을 뿐
「밤바다」 전문

「그해 여름」은 감정을 표출하지 않고 흔들리는 여심을 탄력있게 긴장시켜 소나기 같은 사랑으로 자연스럽게 치환한다. 어쩌자고 「가을비」는 내려서 밤바다가 보고 싶은 갈대의 계절이다. 시인은 원초적 감성으로 잉태된 태양이고 별이며 바람이다.

시는 묘사와 진술의 미학이다. 좋은 묘사는 개성적인 문체로 시를 투명하고 윤택하게 만들어 풍성한 상상력을 확장시킬 뿐 아니라 격조있는 화법으로 시를 세련되게 덧칠한다. 애틋한 사랑의 촉수를 내면으로 끌어들여 낭만적으로 구사하므로써 시의 품격을 높였다.

가자!
그 뒤안길에는 돌나물 돋아 있고
축축한 이끼 돋아
가끔은 쥐며느리 소풍 나오던 곳
돌담은 허물어져
그 틈새 사이 돋아 있는
별 모양 노란 꽃

뒷문을 열면 감나무 한 그루 버티고 섰던
주춧돌 돌절구 세월에 깎이어
덩그러니 멋쩍게 자리한 내 옛집

금방이라도
하얀 수건 머리에 쓴 엄마가
광목 앞치마에 손 닦으며 나오실듯한 그곳
내 고향 옛집

「내 고향 옛집」 전문

또
밤이 되었다
헤아리고 싶지도 않은데
24 곱하기 3을 해보면
그 숫자만큼의 시간이 나오고
불도 켜지 않은 방에 멍하니 앉아있다

아무 생각이 나지 않으면서

많은 생각이 나는 것은

너를 보내야 하기 때문이다

하얀 드레스자락 잘잘 끌면서

아는 길 가듯이 잘 찾아 가거라

그 길은 넓고 아름답기도 하지만

더러는 좁고 험해서 곱게 커온 네가

행여나 날 믿을까 걱정 되지만

그 길은 많은 사람들이 갔던 길이고

네가 듣고 보아온 미약한 어미의

삶만큼만 살아준다면 아무걱정 없으니

너무 두려워 말고 씩씩하게 잘 가거라

웃으며 너를 보낸다

더 이상 나는 너를 애기야 라고 부르지 않을 것이고

내 둥우리에서 훼치 듯 떠나라

나는 너를 보내놓고

넓은 창밖 내다보면서 늘 그러했듯이

사랑해 사랑 해

애기야

「너를 보내며」 전문

사랑은 고향 옛집에서 하얀 수건을 머리에 쓴 엄마

를 회상하면서 온화하게 확장된다. 시적 대상이 어머니라는 상투적 위험 요소를 잘 극복하고 객관적 현상으로 보편화시킴으로써 감정이입의 거리조절이 성공한 작품이다.

  시인에게는 아름답고 훌륭하게 자란 세 딸이 있다. 보물 같은 딸을 시집 보내면서 시인은 아무도 없는 캄캄한 방에서 눈물을 흘렸을 것이다. 깊은 밤, 아무도 몰래 딸이 행복하기를 기도하는 모성애를 정제된 감성으로 담담하게 풀어냄으로써 응집된 사랑을 내면으로 쌓고 있다.

  시인은 멈추지 않고 새로운 길을 걸어갈 것이다.

  모든 사물과 심안으로 관계하며 그 내면을 작품마다 깊은 영혼의 전령사로 전달할 것이다. 영혼은 잎으로 피어날 것이고, 바람의 힘으로 젖어들 것이며, 푸른 정기로 대자연을 품을 것이다. 성찰하는 시인의 시학은 순간에 왔다가 사라지는 단명하는 시가 아니라 영원히 자연을 명상하는 청량제로 독자들의 가슴을 싱그럽게 유영할 것이다.

| 축하의 말 |

열매를 맺으며

강한석(시인, 오산예총 명예회장)

첫 열매를 맺는다. 높고 낮은 계절을 지나며 사랑과 정성으로 영글어온 결실을 담는다.

세상에 대한 남모르는 정으로 경작한 텃밭이 풍요롭다.

사실 세상에 대한 뜨거운 사랑이 없이 붉은 꽃 같은 시를 쓸 수 없으며 그러한 열정 없이 결코 정서적인 감동의 산물을 안을 수 없을 것이다. 그러기에 김후자 시인의 첫 시집에 따뜻한 박수를 아끼지 않는다.

시월 햇살에
바지랑대 끝
다소곳이 부는 바람은
내 영혼을 발효시킨 흔들거림이다
「만추」 부분

이름 없는 바람 한 점에 발효시킨 영혼의 모습을 보고 있다. 별을 보고, 달을 보고, 죽음을 보고, 한 송이 꽃을 보고, 우주의 신비, 인생의 애환, 자연의 섭리를 깨닫는 것이다.

이러한 감동을 시인은 세미한 가슴으로 느끼고 있다. 이싸의 하이쿠에 이런 말이 있다.

'벼룩 너에게도/ 밤은 길겠지/ 밤은 분명 외로울 거야' 그 보잘 것 없는 벌레를 외롭고 쓸쓸한 벼룩으로 만들었다. 김시인의 다소곳이 부는 바람을 연혼의 흔들거림으로 승화하는 모습과 함께 본다.

> 미운사람 곱다고 못하고
> 좋아한다 말 숨기는 것
> 아직 멀었어
>   「아직 멀었어」 부분

어둠과 밝음이 구별되지 못하는 혼돈의 시대를 살면서 바른 소리를 할 수밖에 없는 자신을 아직 멀었다고 반어적인 말을 한다. 바른말을 쓴소리라고 한다. 약은 원래 쓴맛이 아니던가? 이 쓴소리 때문에 우리 모두가 치유, 정화되길 바란다.

> 가을은 아직
> 시월 끝에서 기다리고 있는데

시월에는 흰 눈을 노래할

앞서가는 바쁜 세월

마음 속 늙어질까

그렁 그렁 눈물 고인다

그냥 있어도 돌아올 계절에

「앞서 가는 세월」 부분

 세월이 빠르게 지나간다고 하면서 세상은 계절을 앞서가려고 한다. 그냥 있으면 돌아오는 계절인데 왜 모두 서두르며 완급조절을 하지 못할까, 어쨌든 아쉬운 세월을 바라보는 애잔함이 은은하다.

 김 시인은 작은 일상에서 감동의 깊은 세계를 바라보고 있다. 이처럼 시적인 삶은 일상의 척도로 평가되는 세계가 아니다. 감성의 척도, 상상의 척도로 평가되고 감동되는 시적 진실의 세계다.

 또한 검은 것은 검다 하고 흰 것은 희다라고 단정하게 얘기하는 결백한 모습으로 살아가고 있다. 그러면서 바삐 가고 앞서가는 세월에 대한 어쩔 수 없는 연민의 모습을 하고 있다.

 김후자 시인은 현재 오산 문인협회 부회장으로, 열정으로 헌신하여 모두에게 귀감이 되고 있다. 따뜻한 손길로 회원 모두를 안고 있는 모성도 볼 수 있다.

 이 첫 시집이 시를 쓰는 모두에게 도전과 용기가 되리라 믿는다. 실년의 귀한 열매가 큰 자랑이 되리라 믿는다.

튼실한 열매는 그저 얻어지는 것이 아니다. 기름진 토양에 땀 흘리는 노고의 손길이 계속되어야 할 것이다.

첫 열매를 보면 이어지는 열매의 모습들이 보인다.

격려와 기대, 찬사의 꽃다발을 드린다.

정이 흐른 자리

아껴두었던
정이 흐른 자리에
열 하룻날의 그 달은
기우뚱 기울고
아카시아 꽃향기 속
들뜬 마음으로 쌓였는데
그때 그 자리
정이 흐른 그곳에
밤새 울어대던
소쩍새조차 날아간
허물어진 율세동
그때 그 자리
정이 흐른 그 자리

만추

시월 햇살에
바지랑대 끝 다소곳이 부는 바람은
내 영혼을 발효시킨 흔들거림이다

필사적이었던 사랑은
본인 친전親傳이라 쓰인
속달 편지 한 통 오지 않는
너무나 머언 옛날이야기

시월은 그렇듯
침침한 동굴 속에 갇혀있는
바람 같은 것
늦가을 바람이 서늘타

여행지에서

어제 저녁 밝았던 그 불빛은 어디로 가고
들개 오줌 냄새 남겨진 자리에
그곳에도 날은 밝아
다시 일깨워지는 하루가 있다

붉은 연기 저곳 먹거리 거리
젊었던 시절 넋두리가 쌓였던 곳
늦은 시간 버스는 떠나갔고
뿌옇게 벗겨진 새벽이다

눈꼽 낀 늙은 들고양이 한 마리
밤잠 설쳐 비틀거리며 지나간다
잊혀져가는 늙은 인생들의 얘기를
귀동냥으로 함께 한
낭만 고양이 이런가

가을 무창포

건방진 커피 맛은
누가 가르쳤는가

여름
그 길을 떠나보낸
가을 앞에 서면
열정에서 오는 공허
기억 속의 긴 하품

어느 새
갈대바람 써걱이며
우는 소리에
포구의 뱃머리로 몸 감추는 낙조

조갯살 익는 냄새에
건방진 믹스커피가
식어가고 있다

푸른 뱀

참쑥, 물쑥 웃자란 자리에
유월 아침이슬은
강아지 풀잎에 매달려 있을 때
고운 피부 빛내며
푸른 뱀
햇빛 마중 나와 있다

반짝이는 눈빛과
반짝이는 햇살과
푸른 뱀의 하품은
내 절박한 걸음 앞에서 멈추고

귀찮은 듯 드러누운
푸른 뱀의 몸짓이
옛날 우리 아부지 첩년 같은
사르르 교태를 부리며
떠나간 옆 자리에
토끼풀꽃 여덟 송이 피어있더라

늪에 빠진 방황

허옇게 드러낸 창포 줄기는
물 속 깊숙이 박혀
물방개 게아재비가
거미줄 얽힌 수초 사이에서
맴을 돌고 돌아
방황은 오늘도 늪에서 빠져 나오지 못했다

가을 햇살은 떡붕어 비늘만큼 퍼덕거리고
소금쟁이 맴을 돌던 찌그러진 늪에
어리석은 방황이
가쁜 숨 몰아쉰다
가을이 수면 위로 내려앉았다

길

곧게 내려진 길이다
항상 가던 그 길을
오늘도
종종걸음으로
그곳으로 간다

평생 걸어도 평행이론이다
인연은 칼로 물 베는 헛세월
축축하게 젖은 마음
서리서리 풀어
깻단 동여매듯 한데 묶어
볕 좋은 뒷담에 세워 둘 꺼나

엽서 보내다

마음속에 긴 이랑 사연은
양면 괘지 두 장
이팝꽃 피었다 지는
하얀 늦소식은
내 작은 손바닥만큼의 면적에
그냥!
이렇게 살고 있어
다시 돌아올 기다림의 계절
엽서 보내다

팔봉산

여덟 개 봉우리에 솟은 돌부리
한 아름 안으며 쥐어뜯으며
남긴 발자욱들은
자욱한 먼지 속에서 번들거리고
제 한 몸 살아보려 잔뜩 키 낮춘 노송이
가는 이, 오는 이의 손바닥 정으로
닳아져 빨간 속살이 드러났다

산은 그곳에 있었고
그 속에 잠시 나를 담그니
서해 갯벌 소금 바람에 눅눅히 젖어
밤사이 자랐던 욕심이
천 길 낭떠러지로 떨어진다

산 아래 구절초 만발한 것을
잠시 잊고 있었다
땅바닥이 그리워
서두르는 걸음에
수십 개의 나무 계단이
삐걱거린다

봄 편지

가끔은 무소식이 담담해졌을 때
다시 오는 봄
산수유가 피었다
아지랑이 그림자
바람으로 몰려와
노란 꽃잎
동동동 도랑물 따라
떠내려간다
봄 편지이다

꽃 이야기

봄꽃은 바람
여름 꽃은 흔들의자
가을꽃은 단풍이파리
겨울 꽃은 눈 휘날림

끝

뜨거운 여름날
느티나무 그늘 밑 매미 채 휘두르던
서울 아이는 보이지 않는다

계절은
스산한 바람으로 오고
가쟁이 말라버린 백일홍
모가지를 떨군다

권태로운 육신
우울한 안개비
진저리쳐지는 계절

한 줄의 선을 그으면
가자!
들길에 휘휘 부는 바람막이로
마음의 블라인드를 내리면 끝이다
오늘의 일상도 여기까지이다

서울 아이는 홍은동까지 무사히 갔을까

구절초

둥근상에 올려놓은 돌잡이
튼실한 실타래 같은
가물한 한 가닥으로 난 길이
굽이쳐서 돌아가는 산모퉁이에
햇살보다 먼저 내려앉은
윤달 달고 온 구월 서리가
마른 갈잎 위에 내려앉았다

어제 저녁
캄캄한 이 길을
터벅이며 걸어갔던 낯선 남자의
투박한 고무장화 발밑에서
구절초 아홉 마디 꺾여서 죽었다

모가지가 부러진 씨앗 안은 꽃송이는
흥건히 피도 흘리지 못하고
하얀 서릿발에 따로 따로 몸을 묻으며
살아남을 봄날 생각에
그리운 마음으로 눈을 감는다

능소화

무엇 때문이었을까
이 불편한 마음은
당신이 떠나고 난 뒤부터라면
차라리 내 마음 고이접어 두었을 것을
그것도 아닌 것에 가슴을 열어두고
초여름 기다린 지금에사
능소화 줄기 감아 피어올랐나

멀고 먼 이역만리 고향 떠나와
붉은 꽃잎에 새기고 숨겨두었던
많은 사연들 펼쳐 보일
정녕 기다림의 편지인가

튼튼히 넝쿨 뻗어
간사스러운 내 마음 속까지
칭칭 감아 올라
불타듯이 활활 피어 나거라

그리움

사랑아!
너 있음에 살았던 시간들은
바람 속으로 숨어 버린 지 오래고
짐짓 모른 척 속아주는 세월 앞에서
애절한 그리움으로 담아
멀어져가는 상념 속에
나를 세워본다

사랑아!
이제는 이만큼의 거리에서
더
메마른 가슴이 되기 전에
붉나무 물드는 소리를 들으며
묵정밭 두 바퀴 돌아와 앉은자리에
서러워 귀한 통곡이 여운으로 남는다

죽 부인

어젯밤에도 차갑고 매끄러운 너의 몸을 안고
끈적거리는 여름밤을 보냈다
풀 잘 먹인 안동포 보료 위에 시트를 깔고
너를 안고 누우니
한 낮 뜨거운 고추밭 이랑의 설음도
잊을 수 가 있었다
그러나 너를 안은 나의 몸은 설설 끓어올랐고
우리 둘은 날씬한 네 몸을 안고 몸부림을 쳤다
우악스런 장딴지 사이에 너를 쳐 박고
너의 몸
밀쳤다 안았다가
너 또한 내 뜨거운 체온에 함께 달구어져
길고도 지루한 여름밤을 보냈었지
그러나
그 뜨겁게 안았던
차갑고 매끄러운 너를 보내야 할 때가 온 것
우리 이 지루했던 밤 함께했던 시간을 기억하며
깨끗이 너의 몸을 닦아 내방 각진 모퉁이에
세워두고 함께 뒹굴었던 긴 여름밤을 기억하자
우리 이제 헤어지자 죽 부인 내 사랑 고마웠어

속마음

잊고 살았다고 생각했던 아침에
창밖을 보았다
라일락 꽃나무 흔들거림이
바람이 불고 있는가 보다

하루가 앞산 능선만큼이나 길어
종일을 또 어떻게 보내려나

어저께는 비가 내렸고
내일쯤에는 또 한 차례
먼지 쌓인 창틀 위로 바람이 스치면
이제껏 견디어왔던 독한 외로움이
와르르 무너져 내리는 소리를 들을 테지

잊고 살았다고 생각했던 아침에
하- 사랑은 그렇게 가는구나

늦가을의 상념想念

가을걷이 끝난 허허한 들녘에는
눈부시도록 햇살이 곱다
그저께 밤에는 무서리가 저리 내렸고
오늘 아침에는 얇은 살얼음이 얼었다

여름 한 날 계곡 따라 흐르던 물줄기는
떨어진 낙엽으로 덮여버렸고
스산한 바람만이 등어리를 스쳐간다

세월은 빠른 걸음으로
나에게로 오고
십일월의 허황한 거리에 서서
가는 가을에 깊은 그리움으로
나만 외롭다
나만 외로워진다

12월의 시몽에게

시몽!

눈꽃이 날리는가 싶더니
진눈개비 되어 떨어지고
발끝에 밟혀진 나뭇잎들이
따뜻한 내 방석처럼 푹신하다

가을에 모아놓은 커다란 후박나무 잎들은
앙칼지게 말라있어
그 위에 먹물로 편지를 쓰는 것이
안쓰러운 마음에
그냥
12월이 가고 있다

이렇게만 적어 놓았다

마음의 섬 하나

바람이 분다
덮어두지 못하는 갑갑한 마음
속으로만 삭이려니
오뉴월 볕살만큼이나 뜨거워
잊고 사는 것도 일이다

내 마음의 섬 하나
그곳에는
아직 철석거리는 파도가 왔다가 가고
다닥다닥 붙어있는
사랑이란 이름은
갑각류의 생명보다 더 끈질기게
오늘도 긴 더듬이를 내젓는다

봄날

좁은 산길 골짜기 끝자락에
산 벚꽃 흐드러지게 피었네
부는 바람에 얇은 꽃잎
머리 위에 떨어지고
내 도수 높은 안경 위에 나부끼네

푸른 잎이 돋아있네
바람도 푸르르네
이 한밤 지나고 나면
갈참나무에 물오르고
아스라한 늦봄 냄새에
또 하루가 슬어지네, 슬어지고 있네

개망초꽃은 언제 피려나

봄날 2

눅진하게 떨어진 산 벚꽃 향내에
일개미 떼 줄지어 나들이 가고
가물거리는 봄날의 한 나절은
길기만 한데
산기슭 찔레꽃은 피지 않은 체
하늘 향해 찔레순만
머리를 휘두른다

사랑, 숨은 그림 찾기

어제가 바람처럼 지나가 버렸다

어제 보았던 연둣빛 사랑은
어디쯤 가고 있을까

봄밤 비듬같이 비릿한 사랑
갈팡질팡 허둥대던 사랑
꽃밭같이 붉었던 사랑
낙엽처럼 흔들렸던 사랑

봄밤에 안개 모이더니
소낙비처럼 퍼부었던 사랑도
발뒤꿈치 덮어주던 동풍 한 자락에
지쳐버린 사랑은 행방불명이다

봄은 오래 머무르지 않더라
사랑 끝없는 숨은 그림 찾기

송화松花

밤새 내 입김 토해놓은 공간에
화들짝 열어놓은 창문 사이로
솔내음 담으며 다가온 손님

제사상에서 보았던
다식판 속의 문양은 네 분신임을 알기에
깔깔한 입 속에서 녹아버리고
거칠게 닫아버린 두꺼운 유리창
한 가닥 바람으로 떠나버렸다

그렇게 떠나버린
그 고운 꽃가루는
이 넓은 도시 어느 공간에서
솔향기 날리며
맴을 돌고 있을까

춘몽

뒤척이며 돌아누운 새벽잠 속에서
젖은 장작개비 같은 둔탁한 짓눌림
꿈으로 왔던 사람은
가몰거리는 생각 속으로 떠나버렸다
잠꼬대 같은 허한 언어만을 남기고

봄밤에 꾸는 꿈은
내 육신에 말라리아와 금계랍을
삼키는 것만큼이나
쓰디쓴 뒷맛
게슴츠레 내려앉은 눈꺼풀 위로
새벽잠은 다시
베갯잇 속으로 스며들었다

어머니의 방

머언 옛날에
싸아하게 추운 밤
겨울 해 짧은 햇살에 녹아버린
질펀한 골목길
기차표 코고무신 발자욱 자리에
살얼음 덮여있어
어두운 담장을 돌아
싸각거리며 밟히우는 얇은 얼음
별만 총총히 떠 있는 캄캄한 이 밤에
행여 당신이 어인 일로 찾아오시는가

머리맡
벗어 놓았던 무명적삼 옷고름 다시 매며
다소곳이 무릎 세워
떨리는 손으로 호롱에 불붙이는 밤

그러나
임 안 오시는 그 밤은
세찬 바람소리에 문풍지만 흔들렸을 뿐
일렁이는 불빛 속에 붉어지는 눈시울

회상

무심한 마음으로 나서는 길가에
늦게 핀 코스모스 긴 몸으로 춤추고
골목길 녹슬은 철 대문 옆
낡은 나무의자 위에
날짜 지난 신문지가 펄렁거린다

더
세월이 지나
조금 쓸쓸한 어느 날
나 또한 저곳에 앉아
백설화 피었던 봄날을 잊지 않으리
문득
자야!
멀리 가서 살지 마

그 소리 소리가
그리움으로 남아서
왔던 길 다시 한 번 뒤돌아보는
어스름 가을 저녁

자화상

총총히 할 일 없이 길을 가다가
얼굴에 검버섯이 두어 곳에 핀
여자를 만났다
그 여자는 먼 곳을 살피다가
빨간 신호등에 걸려 한참을 서 있는 중이었다
그 여자는 히죽이 웃는 듯하였다
나는 그 여자를 알지 못한다

신호등이 바뀌었다
빨리 뛰어서 그 여자 앞을 떠나려 하였다
히죽이 웃으며 여자가 따라온다
오른쪽에 한 개
왼쪽에 두 개
여자는 허연 백 금니를 박아 넣었다
나는 그 여자를 알지 못한다

발바닥이 간지러워 온다
언제나 민망한 마음이 드는 때면
아무 곳에서나 나타나는 이 증세가
철지난 투박한 부츠 밑바닥으로 몰려오는데

더 이상 나는 뛰어가지 못한다
그 여자는 히죽이 웃는 듯하였다
나는 그 여자를 알지 못한다

또 한 번 신호등이 바뀌었다
그 여자는 히죽이 웃는 듯하였다
내 오른팔에 하얀 소름이 돋는다
재빨리 횡단보도를 건넌다
많은 사람들의 검은 옷자락 속으로 섞여버렸다
누구였을까?

대천 가는 길

한 겨울의 일렁거림이 나에게로 온다
내 키만큼의 높이 솟은 물기둥에서
꽃 분홍, 보라색 무지개가 일렁인다

누가
서리 낀 버스 유리창에 마름모 두 개를 그려놓았다
하나는 그 안에 있고
또 하나는 그 속에 있었다
내가 그 속에 있었고
누가 그 속에 또 송두리째
몸을 숨기고 있었다는 것을

그러나 그 두 개의 모양은 쉬 녹아서
수증기로 흘러내렸다
버스의 드르릉거리는 히터소리에
그 안의 마름모꼴도
육각형으로 녹아서 없어졌다
눈물마냥 두 줄기 유리창 밑으로 흘러 내렸다

장날

짚수세미로 닦아놓은
어매의 코고무신
오늘은 13일 오산장 가는 날
팔러 갈 햇보리 쌀 한 말
쪽마루 끝에 기다리고
오늘 저녁 밥상에는
배 터져 한물 간
꽁치구이 먹으려나

착각

그냥 몇 년째 전선이 꽂혀만 있는 전화기에
자지러지듯 벨이 울린다
하루가 길어 겹겹이 쌓였던
말동무가 그리웠었나

누구일까?
쓰지 않는 집전화로 소식 묻는 사람은
아마도 수십 년 소식 없던
먼 나라에 살고 있는 미옥이인가
그녀도 이 밤
도랑물 흐르던 고향 생각에
깊은 잠을 설쳤을까

아니
그것은 착각
큰 나라 그곳은 지금 하얀 대낮이지
참으로 서글픈 착각이었다

예당호湖의 바람

내 한때 젊었던 신혼 시절
어린 신랑 따라서
저 곳
저수지에 낚싯대 드리우고
혼곤한 봄잠에 빠졌을 때
팔딱이던 참붕어 두 마리 잡았었지

수십 년 지난 지금
옆으로 스치며 지나가니
갇혀진 물은 여전히 잔잔한데
내 늙어 흐트러진 머리카락만
바람에 산만하다

밟힌 풀잎이 숲 위에 눕다

그는 어디로 갔을까?

들기름 먹인 장판지 같은
겉 종이에 둘둘 말은 엽초를 삐뚜름히 입에 물고
목에는 카키색 담요자락 천을 감아서 넘긴
투박한 군용구두의 끈은 항상 매지 않아
털털 소리를 내며 그에게 끌려 다니는 듯하고
시커먼 눈썹 아래 퀭한 눈은
아직도 끝나지 못한
오르가즘의 횡포가 배어 있는 듯하다

그 보헤미안은 어디에 있는가
땅 넓은 아메리카로 갔는가
털북숭이 있는 대로 나부끼는
아프리카 족장이 되었나
바랭이, 강아지풀 머윗대
수많은 풀들은
밟힌 몸뚱이 지탱하지 못한 채
그냥 그대로 숲 위에 눕고
그 위로 지나가는 바람은 미동도 않는다

차라리 누워서 쳐다보는 하늘에는
광활한 축제
시월 구름이 퍼지며 가고 있다
밟힌 풀잎이 숲 위에 누웠다
그
보헤미안을 찾으러 나선다

너를 보내며

또
밤이 되었다
헤아리고 싶지도 않은데
24 곱하기 3을 해보면
그 숫자만큼의 시간이 나오고
불도 켜지 않은 방에 멍하니 앉아있다
아무 생각이 나지 않으면서
많은 생각이 나는 것은
너를 보내야 하기 때문이다

하얀 드레스자락 잘잘 끌면서
아는 길 가듯이 잘 찾아 가거라
그 길은 넓고 아름답기도 하지만
더러는 좁고 험해서 곱게 커 온 네가
행여나 날 믿을까 걱정되지만
그 길은 많은 사람들이 갔던 길이고
네가 듣고 보아온 미약한 어미의
삶만큼만 살아준다면 아무 걱정 없으니
너무 두려워 말고 씩씩하게 잘 가거라

웃으며 너를 보낸다
더 이상 나는 너를 애기야 라고 부르지 않을 것이고
내 둥우리에서 훼치 듯 떠나라
나는 너를 보내놓고
넓은 창밖 내다보면서 늘 그러했듯이
사랑해 사랑해
애기야

둘째 딸의 둘째 딸

지난 추석에 왔을 때
앞 이빨 두 개 빠져 있더니
어느덧 그 사이에
대문짝만한 이빨이 웅장히 솟아있다

새해
세배를 드리는 한복 옷자락
제법 다소곳한 매무새 대견스럽고
두 손 옆으로 모은 집 절에
내 하얀 봉투를 내민다

두 달 뒤쯤에
초등학교 입학을 한다니
제 어미 그때 생각에 잠시 눈시울이 붉는다
그래 건강하거라

빠졌던 앞 이빨도 제자리를 찾듯
모든 것이 순리대로 시작되고
분홍색 책가방에 빨강 운동화 따뜻이 신고
이 할미가 쥐어 준 하얀 봉투에
둘째 딸의 둘째 딸은 웃음이 함박이다

먼 기억

비 오는 날
머릿속은 너무 비어있어
한 쪽으로 수많은 섬들이 있고
한 쪽으로는 비에 젖은 원추리 꽃이 흔들거리고
허기진 사랑의 중독증에
허수아비 같은 내 육신은
익사되어 버린 지 오래
거미줄에 걸린 이슬방울
얇은 안개 냄새가 잔잔한 여운처럼 남는다
진지할 필요가 조금도 없는 것
어머니!
당신의 애호박 같이 반지르르한 지혜가
오늘 다시 그립습니다
그리워집니다

허풍

지금에사 알게 되었지
그 많은 말들이
속절없이 바람으로
떠돌아다닌다는 것을

바람이 모래를 입 속으로
날려 보낼 때
까슬한 혓바닥은 춤을 추었지
비릿한 햇 미역의 감기움처럼
넉넉히 빨아 삼키며

그것은
남도의 품격이야
남도의 낭만이야
그냥 허풍이야

계절 바꾸기

미처 봄 옷 정리도 하지 못했는데
손잡이 달린 부채가 나와 있다
마음 속 화병火病은 술렁거리고
꽃 그림 그려진 부채살을 휘휘 젓는다

넝쿨장미 향기가 하늘에 날렸나
운암 뜰 무논에 비가 내렸다
보름 전 꽂아놓은 연약한 모 줄기가
떨어지는 빗방울에 물 모금을 마시며
이앙기 자국에 깊숙이 묻혀
올챙이 새끼들 질겁을 한다

올챙이 뒷다리는 언제 나오려나

여름 맞이

어느덧
여름이 왔다

몇 년 몇 월 며칠 세탁했음
스테이 폴더로 찍어 매달아 놓았던
종이쪽지를 떼어내고
13세 안동포 삼베 홑이불에 풀을 먹인다

동짓달 긴 밤을 잠들지 못하고
수천 번 철거덕거리며 북을 감아 짜주신
외할머니의 손녀 사랑이
긴 장맛비 내리는 후텁지근한 밤에도
까슬까슬한 이불자락이
내 몸을 감는다

오늘밤 툇마루 넓은 양반 고을 막곡동
외갓집이 그립다

시월이 가면

시월이 가면
나의 타락도
가을마당 콩 타작만큼이나
산만하게 끝이 나고
저마다의 갈 길이 바쁜 가을꽃들은
머리에 이고 온 무거운 씨앗을
쏟아버린다
희생이다
포기이다

이
시월 한 달을 위해
일 년을 기다려온 시간 속에
육젓 추젓 삭혀지듯 곰삭아
좌정하는 내 마음에
가을 햇살이 짧다

시월이 가면
나의 허황한 타락도 끝이다

지는 동백

동백꽃이 떠내려간다
동백꽃이 땅바닥에 누워서 가고 있다
가는 삼월에 실려

꽃이 졌거늘
꽃잎은 지지 않고
무거운 붉은 송이
함께 묶여서 졸며
그
땅 빛 고운 물 들인다

하나 둘, 셋

꽃송이 깨끗이 내려놓은 겸손이
떠난 임 더 서러워
오늘도 붉은 울음 울고 있다

낮잠

그 바람 어디 갔나
꺼져있는 선풍기
식곤증의 나태, 높아지는 히스테리
꿈에서 타 보았던 헬리콥터의 광음
망막의 시력만큼이나 흐릿한 잠꼬대
마른 먼지처럼
공간이동을 하였고
마음은 차가운데 혼곤한 잠 속에는
항상 뜨거운 커피 맛이다

가을비

11층에서 내려다 본 시청 주차장
아스팔트가 젖어서 검게 보이는데
그 옆을 지나는 사람들은
하나 같이 우산을 쓰지 않고 걷는다
낙엽 비를 맞고 싶어서일까
이팝나무 잎들과
붉게 물들은 감나무 잎이
떨어져 밟히운다
가을은 이렇게 비와 함께
이 시끄러운 주차장 앞에까지 와 있었다
〈컴퓨터 수강생 모집〉
한 쪽 끝이 떨어진 현수막이 펄럭거린다

서러움의 온도

반가워 손잡으며 흔들어 대는 정
그냥 먼 소식처럼 들리더니
어느덧 잊혀질쯤에사
뜨거운 마음으로 자리를 잡았다

언제나 그렇듯 돌아가는 시간
바람은 오랜만에 비를 몰아오고
빗물은 꽃잎 속으로 스며들었다
마른버짐 같은 마음의 와삭거림이
촉촉이 젖는다

스러져 누웠던 욕망이
울컥 용수철처럼 튀어올라
서러움의 온도가 붉은 눈금을 향해 달려간다
검은 밤에 유성만큼이나 빠르게

B병동

오월
아카시아 꽃 흐드러지게 핀 밤
소독약 냄새가 넓은 병동에 퍼지고
모든 것이 하얗게 바래버린 순간이다

기억들은 언제나 무의식의 저 편
기독교 병원 하얀 뜨락에
가운자락 펄럭이며 바쁜 사람들
절박한 생명의 끄나풀

멀리서 별똥 별 떨어진
캄캄한 하늘에는
붕괴된 파편의 줄기가
하얀 줄을 그으며 누웠다

내 기억에서 사라진
째니와 보헤미안 그리고 하모니카 로망스

착각

내 발등까지 튀어 오르는 소낙비의 방울들
투명한 보석 알맹이
두 줄 묶은 무명실에 꿰어
주름진 내 목에 걸어보면
그나마 옥 같이 보일까
잠시 허망한 생각 발걸음 옮길 때
투박한 내 구둣발에 밟혀서 죽었다

세월

또
한 해의 세월을 안고와
시답잖게 못을 박아 매달아 놓았던
열두 장의 그림 달력이
봄 여름 가을을 보내고
기울어진 한 장이 가벼이 걸려있다

따뜻한 봄날에는 사랑을 노래했고
뜨거운 여름에는 바다를 찾았으며
빛나는 가을은 우수에 젖었으니
그동안 지나가는 계절마다
얼마나 기특한 세월이었는가

12월 어느 한 날
눈이 내렸다
이 한 달을 겨울이라 부르며
잘 가거라 12월의 겨울아
잘 가거라 12월의 세월아

그해 여름

그해
여름에는 아무런 일도 일어나지 않았다

뜨거운 백사장 모래알 묻은 발을 털고
좁은 벙어리 떡집에서
노란 콩고물 묻힌 찰떡을
50원어치 사서 먹었다

여름날에 오는 사랑은
비어진 속만큼 허기져 있었고
뜨거운 햇살은 오른손
손 가리개로도 가릴 수 없어

기차역 앞 학 다방
둔탁한 문을 열면
컴컴한 커튼 사이에 높이 걸려있는 스피커
지직대며 흘러나오던
crazy Love

아!
그래도

그해 여름에는 아무도 사랑에 미치지 않았고
아무런 일도 일어나지 않았다
다만
공허의 허기를 채우려 다시 찾았던
떡집은 문을 닫았다

그해 여름은 그렇게 지나갔다
수십 년 전의 그 여름 속으로

나는 고향의 눈을 보러 청량리역으로 간다

고향의 눈을 보러 나는 청량리역으로 간다
눈 내리는 승부역
눈 덮이는 청량산

곳곳을 생각으로만 담고
중앙선 기차를 타고
원주역쯤에서 뜨거운 가락국수의 입김으로
목축임은 내가 갈 곳 잠시 잊은 채
다시 기차는 떠나고
눈 덮인 신작로 길을 타박걸음 걸으면
그 긴 고향 길은 멀지만
나는
고향의 눈을 보러
청량리역으로 간다

잡념

쓸 것도 많아라
잊을 것도 많아라
이 방 가면 생각나고
저 방 가면 잊혀지고
생각나다 잊혀져야
긴 세월 살고 말지
죽겠다는 소리소리
입가에 달고 살면서
죽지 못해 살고 있고
살지 못해 죽고 마는
참으로 기이한 세상사의 논리 속에
그래도
더 살고 싶은 것은
까마득히 잊혀졌던 고생
첫 사랑의 입김 때문인가
그대! 윤 서방

운암 뜰 풍경

어젯밤 무슨 생각으로 잠을 설치고
마등산 가는 길에 무 논에서는
털털거리는 이양기가 돌아간다

옛날에는 그랬었지
갈퀴 같은 손으로 꾹꾹 눌러
꽂아 놓은 모 포기마다
온 몸의 땀방울이 흙탕물에 스며들고
늙은 노인의 허리에는
벌써 쌀가마니 실려 있다

한 가마니
두 가마니
실어 나를 누렁 소는 어디로 가고
딸랑거리는 워낭소리 끝났는가

자작나무

유난히 눈 많이 내린 지난 겨울에
가지마다 소담스레 앉은 눈송이
큰 입 벌려 흠뻑 마시고
백년이나 살 수 있을 만큼
비늘을 키웠지

입춘 지난 첫 아침에
넓은 가슴에 구멍은 숭숭 뚫리고
간직했던 사랑이 텅 빈 가슴 되었다

투명한 하얀 피가 방울 되어 흐르면
내 속마음보다 더 가슴 타는 사람이
흥건히 목 추김으로 떠나가고
자작나무 겉껍질의 하얀 비듬이
우수수 떨어지는 소리를 듣는다

밤바다

밤바다가 보고 싶어
바다로 간다

팔월의 해는 짧아
용광로 같았던 뜨거운 태양이
넓은 해면에 반사되어
붉은 양탄자처럼 펄럭거린다

사방은 어둠으로
철석거리는 파도끼리의 부딪힘이
물 먹은 솜이불처럼
늘어지며 감기우고
잔잔한 포말은 녹아서 내린다

그것은
낮으로만 보았던
하얀 아름다움도
물거품의 신비도 아닌
다만
캄캄한 밤바다의 덩어리였을 뿐

사월의 세월호

터져 오르는 그것은
누구도 어쩌지 못하고
한 굿 바라만 보아야 하는 거대한 물체
어찌하나
어떡해야 하나
내 하나 뛰어들지 못하는 작은 심장

소리쳐도 들리지 않는 함성 속에
더 크게 울려오는
엄마는 살아있고
아버지는 뛰고 있고
아직도 찾지 못하는 작은 육신의 떨림이
큰 배
작은 구석 한 곳에서 다시 부르노니

사랑해요
사랑해요
그 말이 들려올 리 만무한데 그래도 또 한 굿
어찌하랴
어찌하면 좋으랴
내 엄마 가슴 아픈 소리 뿐

돌담 골목길

층층이 쌓아올린 돌담 너머에
백일홍 꽃잎 빼꼼히 내어 밀고
나지막한 똘배나무
가쟁이가 휘어지게 달려있다

기역 자
니은 자로 꺾어지는 길모퉁이
늙은 황소 한 마리 외양간에 묶여 있고
넓다란 마당 귀퉁이에
콩밭 열무 다듬으며 까르르 까르르

남도의 뜨거운 햇살은
웃음 속에 부서지고
오늘 저녁 옻칠한 둥근상에
햇고추 열무김치
남도 손맛 뽐낼 테지

돌담 골목길 2

바닷바람 무서워서
낮게 지은 토담집이
공장 다닌 큰딸 덕에
빨간 기와 얹혀지고
굴 껍데기 쪼았던
갈퀴 같은 손에는
꽃 그림 그려진
화투장이 쥐어졌네

지나간 억센 고생
남도타령 부르며
수호신 빌어주던
당산나무 아래 앉아
막걸리 한 사발에
목 추김을 하면서
촉촉이 젖은 눈가
갯벌바람 맞고 있네

앞서가는 세월

아직은
이파리 퍼런 팔월의 끝인데
마음 조급한 사람들은
앞서거니 뒤서거니
가을을 노래한다

파릇한 연한 잎새 봄날을 노래했고
오월의 무성한 잎은
그늘을 만들었지
아직은 흐르는 땀방울 씻어주고 싶은데
어서 떠나라 떠나라
독한 눈빛을 보인다

구월에게 손짓 하네
가을은 아직 시월쯤에서 기다리고 있는데
시월에는 흰 눈을 노래할
앞서가는 바쁜 세월
마음 속 더 늙어질까 그렁그렁 눈물 고이네
그냥 있어도 돌아올 계절에

아직 멀었어

내
속내를 숨기고 살기에는
낯빛부터 달라지는 민망함이
조금 숨기며 살면 어때
그렇듯 입 다물고 손톱 물어뜯으며
분노를 삭일 필요까지야
조금 모른 척 숨겨두지 그랬어

그러다 또 한 굿
잘한 일이야
미운 사람 곱다 못하고
좋아한다 말 숨기는 것
아직 멀었어
숨겼던 내 입 속 치통이 욱신거린다

비상

할 일이 없다
오늘도 해야 할 일이 없다
버짐 핀 얼굴을 쓰다듬는 손바닥 안에
눈, 코, 입 언저리에 히쭉거리는 빈 웃음이 남아있고
기름기 하나 없는 메마른
종이 구겨지는 소리가 난다

손가락 사이로 눈썹이 떨어진다
오늘도 무덤 속 같이 아늑한
그곳에 쭈그리고 앉아
마음으로만 두 팔 벌려 비상을 꿈꾼다

옥가실 저수지

희뿌옇게 내 마음 속으로만
스며들던 안개가
어찌 땅으로 내려앉지 못하고
솟아오르는 햇살에 멈칫하며 망설이고
저수지 물은 다시 일렁이는데
바람은
날아간 안개의 잔영에 녹아내릴 뿐
옥가실 저수지는 언제나 그 자리에
안개바람만 날리고 기다리는가

초파리 두 마리와 눈을 맞추다

그들이 내 눈 앞을 지날 때마다
진한 수박 향이 날린다
그들을 향해
야경꾼처럼 손바닥 딱따기를 쳐 보지만
내 눈보다 더 큰 그들의 두뇌는
나를 무안하게 하고
동동 떠서 숨어버렸다

공간은 처음부터 무료해지고
날아간 뒷자리 눅눅한 바람 따라
뜨거운 선풍기는 돌고있는데

초파리 두 마리는 그렇게 오늘도
눈만 맞추고
으슥한 냉장고 뒷동네로 마실을 간 자리에
하얀 쟁반에 이빨자국 선명한
수박 한 쪽은
하염없이 그들을 기다리고 있다

버려지지 않기

내가
버려지기 전에는
버리지 않기
내 눈앞에 어른거릴 때가
그래도 좋았던 세상

산 벚꽃 꽃잎도 바람에 날려
버려지는 배반감에 서러움이 울컥

아직은 내가 버려지기 싫은 오늘
현관문을 나선다
엘리베이터를 끌어 올린다
세상으로 가는 문이 또 열렸다
나는 아직 누구도 버리지 못하고 산다

벽壁
부제: 산사에서

너무 두꺼워서 들리지 않아
얇아도 임의 소리는 들리지 않아
저쪽 너머의 큰 북 울림
두 손으로 쳐대는 쿵쾅거림

오직 나만이 들을 수 있으니
임과 사이의 튼튼한 벽
어느 때 속절없이 허물어질 수 있을까
산사의 풍경 소리 가슴에 담기는데
탑돌이는 아직 끝나지 않았다

입춘 즈음

목 빼어들고
봄을 기다리지 말아라
오는 계절은
살며시 올 테고
입춘 바람에도 독기는 있으려니
그냥 가만히 기다리면
도랑물 돌돌거리며 흐르는 것을
그렇게 정월도 가기 전
목 빼들고
잔설 녹기를 기다리지 말아라

초록 그늘

작은 자 벌레는 최고의
몸길이로 키를 재고
새끼 거미는 이슬 총총 늘어진 줄 속으로
몸을 부풀리는 아침
나팔꽃은 왜 그토록 진보라 색으로 빛을 낼까
비가 내린 뒤
바람이 다독거려 놓은 자리에
능소화가 얌전해졌다
초록 그늘에
잠시 마른 가랑잎처럼
와삭거렸던 생각들이
검불처럼 날아갔다
어스름 해질녘
초록 그늘은 하루를 접어
이제 별만 빛을 쏟을 시간이 온다

어떤 남자

도시의 가로등 불빛을 쏟는다
어둠의 골목에서 튀어나온 몸체
그 빛은 어두울수록 환하게 밝고
터덜거리는 남자의 그림자가 깊다
오늘도 그들은
어느 곳에도 이름표를 넣지 못하고
두 병쯤의 소주를 마셨을 것 같은데
세상은 그것조차도 허용치 못하고
비틀거림 푸념을 헛기침으로 보낼 이 밤
참 서글프다

마등산 까마귀

산모퉁이 돌고 돌아
지루봉 오르는 길
능선 따라 벌목하는 전기톱 소리에
집터 잃은 산 까마귀
까아악 까악

열두 바퀴 날아올라
내려앉은 가뫼골에
아파트 공사장 대낮처럼
불 밝히고
살포시 나래 접어
사랑 나눌 곳 어디일까

까악 까아악
그것은 절규다
그것은 통곡이다
차라리 이니스프리 섬으로 가라
이 봄날에
사랑의 몸 섞을
그 섬으로 떠나가거라

도시의 이방인

도시에는 희망이 없다
도시에는 코스모스가 피지 않는다
그곳에는
타인의 얼굴과 무서운 모습이 있다
조금 모자라는 듯해도 괜찮은데
너무 깨끗한 공간이 싫어
더러는 습한 공기와
푸른곰팡이가 자라면 어때
숨 쉴 수 있는 공간에
돈 벌레도 기어다니고
오늘도 미세먼지 조금 마시며
도시의 거리를 돌다가 왔다
도시의 불빛에 반사되는 유리창에
먼지 한 줌 보이지 않는다
목젖이 떨리고 아파온다
도시의 희망은 어디쯤에 있을까

그릇의 미학

종지는 작아서 맛종지로는 좋지만
여유를 담을 수가 없고
목이 좁은 호리병은 가두기엔 좋으나
넓은 세상을 담을 수가 없다

사람 또한 그릇과 같으니
큰 사람은 큰 그릇으로
작은 사람은 작은 그릇으로 쓰여져야 하거늘
감당 못 할 자리를 탐하는 것은
자신에 대한 무책임일 것이다

어쩌다 만나는 사람들 중에
둥근 공처럼 찰찰 넘치게 퍼 담으려던
나의 착각이 그것밖에
담을 수 없음을 나중에야 알았다
그 사람은 소주잔 같은 마음을
소유하고 산다는 것을

약속

헛웃음 속으로 스며드는 애착
누가 뿌려놓은 많은 언약 속에서
기대할 수 없으면서 기약을 해 보는 것은
낡은 라디오의 지직거림 같은 잡음

오늘도
짙은 회색 빛 같은 하늘
미약한 햇살 빛을 내지 못하고
한 나절을 빗속으로 내 몰았다

커다란 트렁크를 옆에 세워놓은
외국 남자 비를 피하는 듯
공중전화 부스에서 울 듯 한 큰 눈
갈 곳이 없는 방황인가 빗속에서 슬프다

별세

참!
무던히도 사셨습니다
참으로 곱게도 견디셨습니다
목단 꽃 피는 밤의 달빛은
옥색 치마꼬리 잡은 듯
그것으로 이생의 빚 갚음
온 몸으로 무겁게 드리우셔
고이 떠나시오면
오월 밤 소쩍새도
한 밤 같이 눈 감으니
백년해로 못 다 한들 고이 살펴 가소서
관솔불 높이 들지 않더라도
구릉 골 골골이 찾아 드시옵소서
참
곱게도 견디셨습니다
참으로 무던히도 사셨습니다

섬진강 벚굴

올라가다
내려가다
섬진강 부딪는 그곳에
큰 생명의 만남
벚굴 살 조갯살 영그는데
우연히 사월 꽃바람 따라
스치던 그곳에
물살이 높고 낮았다
그 속 모르는 깊이에
귀한 몸 움츠려보지만
투박한 망태기에 씌워져
온몸을 상처로 남아서 벗기고
잔인한 내 입 안에서 녹는다

가을 앞에서

세월이 지나도
삭아서 녹지 않는 자존심
부서져라
담금질 두들김에 더 강한
시. 글귀로 태어나거라
찔레꽃 노래를 구슬프게 불렀던
불과 수 십 년의 세월은 그냥
흘러감이 아닌데
시월 밤이면 가능한 것들
박 속 같이 하얀 허함이
가을 속으로 들어와
따끔거리는 속앓이를 하고
곰삭이는 내 마음이 움집 한 채 짓는다

내 고향 옛집

가자!
그 뒤안길에는 돌나물 돋아 있고
축축한 이끼 덮여
가끔은 쥐며느리 소풍 나오던 곳
돌담은 허물어져
그 틈새 사이 돋아 있는
별 모양 노란 꽃

뒷문을 열면 감나무 한 그루 버티고 섰던
주춧돌 돌절구 세월에 깎이어
덩그러니 멋쩍게 자리한 내 옛집

금방이라도
하얀 수건 머리에 쓴 엄마가
광목 앞치마에 손 닦으며 나오실 듯한 그곳
내 고향 옛집

산길에서

골골이 덮여있는 구릉 골
작은 움막 한 채
약초 냄새가 바람 곁으로 날려 온다

언 몸 녹여 가라는
철 지난 허름한 옷 입은 산지기
투박한 손으로 달여진
약초 차 한 잔이
가쟁이처럼 말라있던 뱃속에
촉촉이 스며든다

어둑어둑 해질녘
내려오는 발걸음이
가랑잎처럼 가볍다

잠시
내 몸을 빠져 나갔던
메마른 생각들
마음은 소심해지고
눈만 퀭하게 커졌다
그래도 오늘 내 육신은 튼튼하였다

기억, 그림자를 쫓아서

참!
독하다 그놈은
내 오장육부를 눌러버리고
잊혀진 옛날을 끄집어낸다

나는 잊어버렸는데
그놈이 나에게 오면
모든 것은 까발려 생시로 돌아가고
흑흑 슬프면서 웃음이 난다

그래!
그때는 그랬지
추웠지 슬펐지 외로웠지 보고 싶었지
나에게 없는 아부지
아부지 그래서 더 그립다

동짓날 기억

긴 듯한 하루해도
짧아진지 오래이다
입동 지나면
동짓달이 목마름을 하고
북풍 몰고 온 동짓날
가마솥에 팥죽이 끓으면
이글이글 타오르던 장작불보다 더
거치른 어머니의 손 아름에
큰 국자 배부른 하루였다

일기

주름져 폭이 잡혀있는 일상
팽팽히 부풀어 오른 터질듯한 낱말들
바람이 먼지를 날려 보냈고
점심은 띠어 넘고 저녁은 과식을 했다는
누구도 묻지 않고 궁금해 하지 않는
오늘이 하루의 일기 속에 묻혀 있다
누구와 차 한 잔
누구와 술 한 잔
누구 앞에서 눈물 몇 방울
그렇게 하루가 지나갔음에 축복이었다고

24시 주유소의 불빛이 눈보라 속에
어떤 별장 같은 모습으로 보인다고
적혀 있었다

편안한 세상

편한 세상
각자의 손 안에
세계를 담고 산다
걸어가다가 물건을 사고
거스름 받는 번거로움 없이
옷도 사고 신어보지 않고도
구두도 산다
땀 한 방울 흘리지 않고
갈비탕도 버튼 하나 눌러서 살 수 있으니
이렇게 편안한 세상에
나만 이렇게 사는 것일까
아날로그의 세상에서 벗어나지 못하는
오늘도 복잡한 기능의 핸드폰과
씨름을 하는 미개인인가

알밤 두 톨의 상념

구워 먹을까
삶아 먹을까
날 것으로 오독 혀끝으로 맛볼까
작은 손아귀 호두알 굴리 듯
당신의 외투 주머니 속
따스한 온기를 느껴볼까
이 차가운 바람이 지나고 나면
골목 어귀 구워진 밤톨
반쯤은 벗은 몸으로
누구의 손길을 기다리고 있으려나

목단 꽃

나는 보았다
너 붉은 몸의 속살을
태워라 더 불붙이거라
네 다소곳한 겹겹이 사랑
진 붉은 냄새는 울렁거리는 현기증
나는 그래서 너의 오월을 두려워한다

춘설

가거라
행여
그곳에서 이루어졌던 사랑이더라도
한낮 그것은 개여울 물소리
네가 그곳에 있었던들 들었겠는가
내가 없어도 피어났을 버들강아지 울음
그 얼음장 물밑으로 흘러갔던
물고기 지느러미 흐느낌으로
꿈은 다시 용솟음쳐
봄눈 녹는 논배미 수로에서 꿈으로 깨어난다

어느 하루

어느 하루
참 행복했던 순간

참으로 화사했던 꽃바람

이 모든 것은 벚꽃 날리던
하룻날의 추억
이 모든 것은 눈발 날리던
하룻날의 시간

별빛이 물살에 빠지고
눈발은 내 머리 위에 녹아내리고

넋두리

플라스틱 하얀 물병의 모가지를 비튼다
튼튼한 뚜껑의 발악
그러나 내 악질적인 손가락 사이에서
부질없이 무너져 한 바퀴 돌고 기권이다
상쾌한 액체

내가 그것을 원하고 있을 때
더욱 잔인해지는 시간
오늘도 헉헉거리며 정상으로 달린다
등 뒤에서 내 발걸음을 조롱질하며 따르고
날듯이 달리는 산등성이 깔딱고개

누가 무엇이 기다리는가
어느 날 잠깐의 냉소적인 칭찬이
영웅처럼 세울 때 희끗 눈발이 날렸다
다리 풀린 내 육신에 눈물이 핑

오늘도 나는 건강한 두 다리를 믿고
뛰듯이 오른다
등 뒤 가방에서 빈 물병이 덜그덕거린다

젖었던 머리카락 사이로 바람이 차갑다
이제사 이빨의 부딪힘이 무거웁다

그림자

지는 해
어스름이다
그 길었던 햇살
내 키만큼의 그림자를 드리웠고
지금 점점 작아져 내 등 뒤에 섰다
항상 그렇듯이
당신은 내 앞에서 찬란하였고
나는 그 뒤에서 우울하였으니
지금 몹쓸 그림자 잔인하게 죽어가고
우리는 서로의 그림자를 찾아서
일렁거리는 모습으로 조용히 더듬어
숨기며 살아가는 것

운암 뜰

운암 뜰 허한 벌판
날개 깃을 말리는 물오리 떼가
하얀 사랑 남긴 지가 벌써 언제인데
오늘도 떼 지어 함께 앉았다

봄 돌아오는 논둑은 얼음 녹아 허물어져
갈퀴에 밟힌 진흙탕이다
끄르륵 날으는 군무에
방황 하는 사춘기를 그곳에서 보았다

눈 마주치며 찾고 있는 사랑
해 지는 머리 위 어둠은 공포
머릿속은 출렁거리기만 한데
오늘 밤은 어느 곳에 날개 깃을 묻을까

늦 밤꽃

놓쳐버린 사랑에 정든 밤을 잊었었나
얼마큼의 정열로 더딘 밤을 보냈기에
이제사 잉태하여
은산면 매화골 골짜기에
여우꼬리만큼이나 실하게 일었다

싸아한 응큼한 꽃 냄새가
뒷짐 진 윤 노인 두어 번 헛기침에
바람 따라 흩어진다

이제사 꽃이 피니 올 추석 제사상
햇밤 올리기는 틀렸구먼
혼잣말로 중얼거리는 소리가
떨어진 꽃꼬타리 무덤가에 얹혀
삭혀지고 있다